CATALOGUE

DE

NOMBREUSES TAPISSERIES

DU XVIIIe SIÈCLE

OBJETS D'ART & D'AMEUBLEMENT

Bronzes — Garnitures de cheminées

CÉRAMIQUE — OBJETS VARIÉS

PIANO DROIT D'ÉRARD

Billard

MEUBLES ET SIÈGES

en bois sculpté, doré, laqué, etc.

ÉTOFFES ET TAPIS

DONT LA VENTE AURA LIEU

A L'HOTEL DROUOT

Le Jeudi 11 Avril 1895, à 2 heures, Salle n° 1
et à 5 heures 1/2, Salle n° 6

COMMISSAIRE-PRISEUR	EXPERT
Me Paul CHEVALLIER	**M. Charles MANNHEIM**
10, rue de la Grange-Batelière, 10	7, rue Saint-Georges, 7

EXPOSITION PUBLIQUE

SALLES N°s 1 & 6

Le Mercredi 10 Avril 1895, de 1 heure 1/2 à 5 heures 1/2

CONDITIONS DE LA VENTE

Elle sera faite expressément au comptant.

Les acquéreurs paieront CINQ POUR CENT en sus des prix d'adjudication.

L'exposition mettant le public à même de se rendre compte de l'état et de la nature des objets, il ne sera admis aucune réclamation une fois l'adjudication prononcée.

Paris. — Imp. de l'Art, E. MOREAU et Cie, 41, rue de la Victoire.

DÉSIGNATION DES OBJETS

BRONZES

1 — Deux groupes de bacchantes en bronze patiné. Signés : *P. Siffer.*

2 — Garniture de cheminée en marbre blanc et bronze, composée d'une pendule et de deux candélabres à deux lumières. Style Louis XVI.

3 — Garniture de cheminée en bronze doré, composée d'une pendule : Char de Vénus, et de deux candélabres à trois lumières supportées par des amours.

4 — Garniture de cheminée en bronze doré et porcelaine, composée d'une petite pendule à décor d'amour et attributs de l'Amour, et de deux candélabres à trois lumières.

5 — Deux lampes sur pieds-colonnettes cannelées et enguirlandées en bronze ; base en marbre.

6 — Lampe sur pied-colonnette en bronze de style roman ; base en marbre.

7 — Deux chenets de style Louis XVI en bronze doré. Modèle à urnes cannelées et enguirlandées.

8 — Petit lustre à six lumières en céramique et bronze doré, à décor de figures terminées en volutes.

9 — Grand lustre de style Louis XVI, en bronze doré.

10 — Pendule et deux candélabres en bronze. Maison Lerolle.

11 — Deux grandes appliques en bronze doré.

12 — Deux chenets.

13 — Quatre flambeaux ornés de cristaux.

14 — Plusieurs bras-appliques en cuivre, à fond de glace. (Seront divisés.)

15 — Quatre pare-étincelles variés, en cuivre. (Seront divisés.)

16 — Lot de bronzes pour meubles.

17 — Grand broc en cuivre rouge.

18 — Fontaine d'applique avec bassin et couvercle en cuivre rouge.

19 — Fontaine avec couvercle en cuivre rouge.

20 — Hotte en cuivre rouge.

21 — Bassinoire en cuivre jaune.

22 — Marmite en cuivre.

23 — Jardinière en cuivre.

24 — Mortier en bronze, daté 1644. Travail allemand.

25 — Bouteille en cuivre gravé de la Perse.

26 — Brûle-parfum en bronze formé d'un éléphant portant une pagode.

27 — Vasque sur piédouche en bronze de la Chine, à décor de dragons.

28 — Grand brûle-parfum à couvercle ajouré en bronze du Japon, à décor de chimère et feuillages.

29 — Deux chiens de Fô en bronze de la Chine.

30 — Deux lampes en bronze du Japon.

31 — Pendule et deux candélabres de style Louis XVI, en bronze doré et plaques de porcelaine décorées.

32 — Statuette en bronze sur socle en marbre représentant Lafontaine.

33 — Mortier en bronze avec son pilon.

CÉRAMIQUE

34 — Bouteille en faïence persane à décor polychrome.

35 — Porte-bouquet en faïence persane, à décor bleu.

36 — Plat à décor bleu : Monogramme et lambrequin. Rouen.

37 — Quatre pièces : deux vases et deux cornets à décor de bustes et feuillages. Faïence italienne.

38 — Vase décoré d'un Christ en croix et de trophées. Faïence italienne.

39 — Deux lampes en porcelaine gros bleu et bronze doré ; anses cariatides.

40 — Deux vases en porcelaine à fond bleu : sujets galants et fleurs ; monture de bronze doré.

41 — Statuette de bacchant en porcelaine moderne de Saxe.

42 — Potiche en ancienne porcelaine de Chine, famille verte, décor de fleurs.

43 — Deux vasques en porcelaine moderne de la Chine à décor de dragons dans les flots.

OBJETS VARIÉS

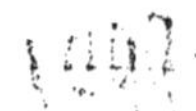

44 — Piano droit d'Érard, caisse en acajou garnie de bronzes.

45 — Coffret, deux brosses et deux boîtes rondes en bois incrusté de nacre à décor de fleurs et de sirènes. XVIIe siècle.

46 — Cithare décorée au vernis. XVIIIe siècle.

47 — Figurine en buis sculpté : divinité marine. Travail allemand.

48 — Six pièces : gravures coloriées : amours, sujets historiques et mythologiques. Encadrées.

49 — Deux coupes sur piédouche en marbre blanc garni de bronzes ; base en marbre rouge.

50 — Mortier en marbre.

51 — Deux lampes en émail cloisonné.

52 — Quatre coupes variées en émail cloisonné du Japon.

53 — Aiguière de forme persane en émail de Canton.

54 — Deux torchères en bois sculpté et partiellement doré : statuettes de femmes debout, vêtues d'une draperie sur base cannelée.

55 — Deux gaines en marbre blanc.

56 — Deux paires de supports variées en bois noir.

57 — Sous ce numéro, objets variés, flambeaux, jardinières, etc. (Seront divisés.)

MEUBLES ET SIÈGES

58 — Meuble en bois doré foncé de canne dorée de style Louis XVI, comprenant deux canapés et quatre fauteuils bas.

59 — Deux chaises légères presque semblables en bois sculpté et doré, à siège et dossier foncés de canne dorée.

60 — Chaise légère en bois sculpté et doré foncée de canne dorée. Style Louis XV.

61 — Tabouret en bois doré de style Louis XVI, couvert en velours bleu-clair ciselé.

62 — Fauteuil de bureau tournant de style Louis XVI, en bois doré et foncé de canne dorée.

63 — Petit fauteuil d'enfant de style Louis XVI, en bois doré; dossier ovale et siège couverts en satin crème brodé.

64 — Trois sièges : fauteuil et deux chaises en bois laqué blanc à filets verts.

65 — Stalle de style Renaissance, en bois sculpté à décor de bustes et rinceaux.

66 — Guéridon en bronze doré à guirlandes et têtes de béliers; dessus de marbre brèche d'Alep.

67 — Régulateur en bois sculpté à feuillages et fleurettes. XVIIIe siècle.

68 — Régulateur en noyer sculpté à mascarons et cariatides.

69 — Console en bois peint blanc et partiellement doré; dessus de marbre.

70 — Console Louis XV en bois doré; dessus de marbre portor.

71 — Petite console à trois pieds en bois doré; dessus de marbre.

72 — Douze chaises de salle à manger en bois sculpté couvertes en velours ciselé.

73 — Chaise en noyer ajouré, sculpté et tourné, couverte en ancien cuir gaufré et doré.

74 — Huit chaises en bois noir couvertes de panne rouge.

75 — Deux fauteuils confortables couverts en soie brochée à ramages rouges sur fond jaune.

76 — Chiffonnier orné de colonnettes en bois laqué blanc.

77 — Lits, toilettes et tables de nuit en bois laqué blanc. (Seront divisés.)

78 — Plusieurs chaises variées. (Seront divisées.)

79 — Billard avec accessoires.

80 — Table à jouer en acajou.

81 — Deux grandes chaises couvertes en velours rouge.

TAPISSERIES

82 — Deux fragments d'une même tapisserie du xvie siècle, présentant des paysans se livrant à diverses occupations. Bordure à la partie inférieure à personnages et fleurs. — Haut., 2 m. 90 cent.; larg., 1 m. 65 cent. et 1 m. 5 cent.

83 — Deux portières formées d'une même tapisserie du xvie siècle présentant une scène de chasse à nombreux personnages; bordures de feuillages, fleurs, amours et figures allégoriques. — Haut., 3 m. 40 cent.; largeur de chcune, 2 m. 40 cent.

84 — Tapisserie en largeur (en deux parties) du xviiie siècle : Festin dans la campagne. Bordures de rinceaux et fleurs. — Haut., 2 m. 70 cent.; larg., 4 m. 5 cent.

85 — Quatre tapisseries du xviiie siècle, dont une en deux parties : paysan, paysanne, bergers et chasseurs, le Jeu de Colin-Maillard; fond de verdure et bordures de

baguette enrubannée. Franges. — Haut., 2 m. 95 cent. et 2 m. 75 cent.; larg., 85 cent.; 1 m. 30 cent.; 4 m. 45 cent.; 3 m. 40 cent.

86 — Trois fragments de même tapisserie que les précédentes.

87 — Deux tapisseries en hauteur, du XVIIIe siècle : Jeu de Colin-Maillard et enfants et brebis; bordures à oves et bouquets de fleurs. — Haut., 2 m. 80 cent.; larg., 1 m. 10 cent. et 1 m. 10 cent.

88-89 — Deux tapisseries verdures du XVIIIe siècle, avec vase de fleurs au premier plan; bordures de fleurs. Montées sur panne marron. — Haut., 3 mètres; larg., 1 m. 45 cent. et 1 m. 45 cent.

90 — Tapisserie en hauteur du XVIIIe siècle : Vénus retenant Adonis; fond de verdure. Bordures de raisin et feuillages. — Haut., 2 m. 65 cent.; larg., 1 m. 90 cent.

91 — Tapisserie en hauteur du XVIIIe siècle : Vénus et Adonis; fond de verdure. Bordures de raisin et trophées. — Haut., 2 m. 65 cent.; larg., 1 m. 75 cent.

92 — Tapisserie-verdure du XVIIIe siècle avec cours d'eau, oiseaux et habitations; bordures de fleurs et rubans. — Haut., 2 m. 5 cent.; larg., 4 m. 35 cent.

93 — Douze fragments, dont sept panneaux de tapisserie-verdure avec personnages du XVIIIe siècle, quelques-uns avec bordures. — Haut., 2 m. 65 cent. et 2 m. 10 cent.; larg., 1 m. 05 cent.; 1 m. 70 cent.; 70 cent.; 1 m. 10 cent.; 1 m. 05 cent.; 1 m. 05 cent.; 1 m. 50 cent.

94 — Deux tapisseries-verdures du XVIIIe siècle ; l'une avec oiseaux, l'autre avec cascade et pont ; bordures de fleurs, fruits et oiseaux. — Haut., 3 m. 25 cent.; larg., 2 m. 80 cent. et 3 m. 05 cent.

95-96 — Quatre portières formées de deux tapisseries-verdures du XVIIIe siècle, avec cours d'eau et oiseau ; bordures de fleurs, panaches et rubans avec cadre étroit simulé. — Haut., 3 m. 50 cent.; larg. de chacune, 2 mètres.

97 — Fragment de tapisserie pouvant accompagner les portières précédentes.

98 — Deux portières formées d'une ancienne tapisserie du XVIIIe siècle : Scène de chasse au sanglier, moulin et cascade ; bordures de fleurs et rinceaux à fond marron. — Haut., 3 m. 10 cent ; larg., 2 m. 20 et 2 m. 70 cent.

99 — Deux portières formées d'une même tapisserie du XVIIIe siècle : Paysan conduisant des mules, verdure et chutes d'eau ; bordures de fruits et fleurs. Montées sur panne rouge. — Haut., 2 m. 75 cent.; larg., 2 m. 45 cent. et 2 m. 45 cent.

100 — Deux portières en tapisserie verdure avec oiseaux. Bordures de fleurs. XVIIIe siècle. Montées sur panne rouge. — Haut., 2 m. 70 cent.; larg., 1 m. 50 cent. et 1 m. 50 cent.

101 — Quatre portières variées en tapisserie verdure avec animaux ; bordures de fleurs et palmettes. XVIIIe siècle. Haut., 2 m. 60 cent.; larg., 1 m. 45 cent.; 1 m. 45 cent.; 1 m. 35 cent.; 1 m. 40 cent.

102 — Deux portières formées d'une même tapisserie verdure du XVIIIe siècle : Vendangeurs et Musiciens; bordures de fleurs. Montées sur panne rouge. — Haut., 3 m. 80 cent.; larg., 1 m. 70 cent. et 1 m. 60 cent.

103 — Portière en tapisserie du XVIIIe siècle : Apollon et l'Amour, fond de verdure; bordures de fleurs. — Haut., 2 m. 75 cent.; larg., 1 m. 55 cent.

104 — Quatre panneaux formés de fragments de tapisserie verdure du XVIIIe siècle, avec oiseaux et cours d'eau. — Haut., 5 mètres; 3 m. 30 cent.; 3 m. 20 cent.; 3 mètres; larg., 1 m. 40 cent.; 1 m. 60 cent.; 1 m. 70 cent.; 1 m. 75 cent.

ÉTOFFES ET TAPIS

105 — Petit paravent à six feuilles formées de broderie de soie et métal à sujets saints. Italie. XVIe siècle.

106 — Portière en mosaïque de draps de Recht, à arcade et fleurs, montée sur peluche rouge.

107 — Huit coussins variés en velours, broderie et applications. (Seront divisés.)

108 — Cinq grands tapis. (Seront divisés.)

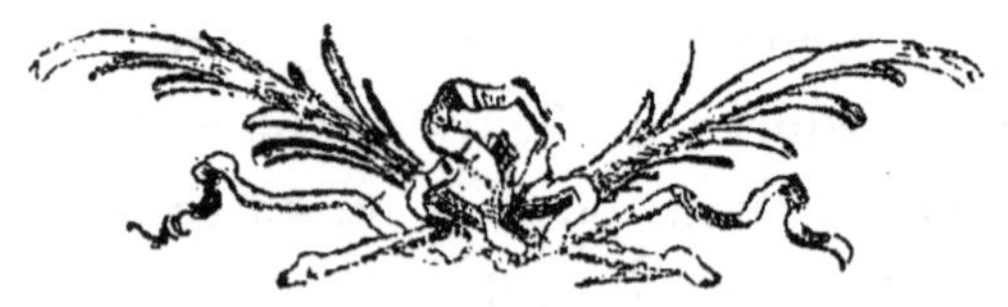

www.ingramcontent.com/pod-product-compliance
Lightning Source LLC
LaVergne TN
LVHW021710230826
846092LV00002BA/941

* 9 7 8 2 3 2 9 5 1 8 3 7 4 *